ANÁLISIS TÉCNICO AVANZADO PARA FOREX

Lleve Su Análisis Técnico Al Siguiente Nivel Para Obtener Mayores Ganancias

WAYNE WALKER

INDICE

INTRODUCCIÓN 5

CAPÍTULO 1: Conocimiento Esencial sobre Gráficos 7

CAPÍTULO 2: Indicadores Técnicos 17

CAPÍTULO 3: Indicadores Oscilantes..................................... 23

CAPÍTULO 4: Análisis de Fibonacci 29

CAPÍTULO 5: Patrones de precios... 39

CAPÍTULO 6: Usando Varios Marcos de Tiempo 53

CAPÍTULO 7: Configuración Comercial de Alta Probabilidad 63

CAPÍTULO 8: Relaciones en el Intermercado 67

CAPÍTULO 9: Conocimiento Esencial Sobre el Análisis Fundamental 73

CAPÍTULO 10: Psicología comercial 79

CONCLUSIÓN... 87

PERFIL DEL AUTOR.. 89

INTRODUCCIÓN

Felicitaciones por obtener una copia de ANÁLISIS TÉCNICO AVANZADO PARA FOREX. Continuaremos nuestro viaje desde el primer libro para adquirir una comprensión más profunda y amplia del análisis técnico para Forex. El énfasis continúa en las aplicaciones prácticas. Se le presentarán nuevas estrategias junto con él sepa cómo aplicarlas. También examinaremos indicadores de análisis técnicos más avanzados que pueden aumentar su capacidad de ganar dinero.

Los capítulos finales cubren el análisis fundamental avanzado y el área a menudo ignorada de la psicología comercial. Estas secciones son una ventaja para los comerciantes de todo tipo. ¡Gracias por elegir este libro!

CAPÍTULO 1:
Conocimiento Esencial sobre Gráficos

Conocimiento Esencial Sobre Gráficos

Los gráficos son la mejor herramienta de un comerciante de Forex. Como comerciante, lo más probable es que use sus gráficos más que cualquier otra herramienta que tenga disponible. Dado que sus gráficos desempeñarán un papel muy importante en su negociación, es importante que se familiarice con ellos. Cuanto más cómodo se sienta con sus gráficos, más fácil le será convertirse en un comerciante de Forex exitoso.

Para ayudarlo a familiarizarse con los gráficos y cómo utilizarlos de una manera efectiva, cubriremos los siguientes conceptos: configuración de gráficos, marcos de tiempo para gráficos, tipos de gráficos. También cubriremos los indicadores técnicos más útiles que puede agregar a sus gráficos para mejorar sus resultados comerciales en los capítulos posteriores. Comenzaremos con algunos conceptos básicos para prepararle rápidamente para un contenido más avanzado en el futuro.

Configuración de Gráficos

Comencemos por la base y echemos un vistazo a cómo se elabora un gráfico de precios de Forex. Una vez que comprenda los conceptos básicos, le resultará más fácil aplicar los conceptos más avanzados a su análisis técnico. Los gráficos de precios de Forex se basan en dos ejes: el eje X (eje horizontal) y el eje Y (eje vertical).

El eje X va horizontalmente a lo largo de la parte inferior del gráfico, proporcionando una línea de tiempo para todo lo que ha sucedido en el gráfico. La acción más reciente del precio se muestra en el lado derecho del gráfico.

El eje Y va verticalmente a lo largo del lado derecho del gráfico, lo que proporciona una escala para el movimiento de precios en el gráfico. Los precios más bajos se muestran en la parte inferior de la tabla y los más altos en la superior.

Cuando combina los dos ejes, puede ver a qué precio se cotizó un par de divisas en un momento determinado en el pasado.

Tipos de Gráficos

Los gráficos de Forex le brindan la habilidad de analizar el movimiento de precios de un par de divisas en varios formatos, desde gráficos de barras hasta gráficos de velas. Tiene la opción de elegir que formato considera mejor.

El análisis técnico es una habilidad que los comerciantes desarrollan, y a los diferentes comerciantes les gusta practicar su "arte" en diferentes tipos de gráficos. Algunos creen que pueden ver y analizar mejor los niveles de soporte y resistencia en un gráfico de líneas, mientras que otros sienten que obtienen más información sobre los movimientos de precios en un gráfico de barras o de velas. Los analistas técnicos tienden a trabajar con los siguientes tres tipos de gráficos:

Gráficos de Línea

Los gráficos de Forex le dan la posibilidad de analizar el movimiento de precios de los gráficos de línea, que son el tipo más básico de gráfico. Los analistas técnicos a menudo utilizan gráficos de líneas para identificar rápidamente los niveles de soporte y resistencia. Dichos gráficos contienen solo información básica, lo que significa que no hay mucha información para complicar el análisis. El gráfico de líneas se crea trazando el precio de cierre de cada período de negociación en un gráfico y luego conectando cada precio de cierre con una línea. Puede ver un ejemplo de un gráfico de líneas a continuación.

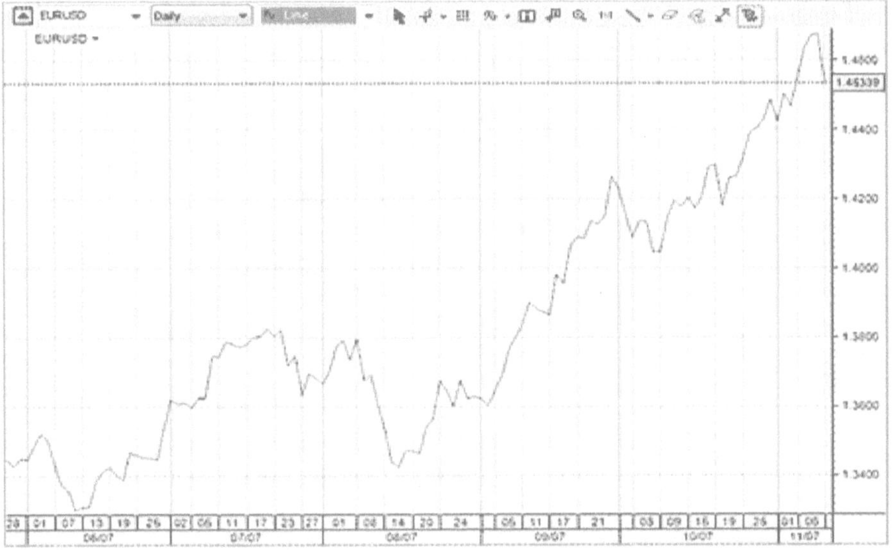

Gráfico de Barras

Los gráficos de barras proporcionan más información que un gráfico de líneas. Los comerciantes técnicos a menudo usan gráficos de barras para obtener más información sobre cómo fluctuó el precio de un par de divisas en cada período de negociación. Mientras que los gráficos de líneas solo indican el precio de cierre de cada período comercial, los gráficos de barras indican los precios de apertura, altos, bajos y cierre de cada período.

Puede crear un gráfico de barras trazando una serie de barras a lo largo del gráfico. Cada barra representa un período de negociación. Para crear una barra, indique el alto y bajo del precio de un período comercial y conéctelos con una línea vertical. A continuación, indique el precio de apertura en el lado izquierdo de la línea vertical que acaba de dibujar y conecte ese punto a la línea vertical con una línea horizontal. Finalmente, indique el precio de cierre en el lado derecho de la línea vertical que acaba de dibujar y conecte ese punto a la línea vertical con una línea horizontal.

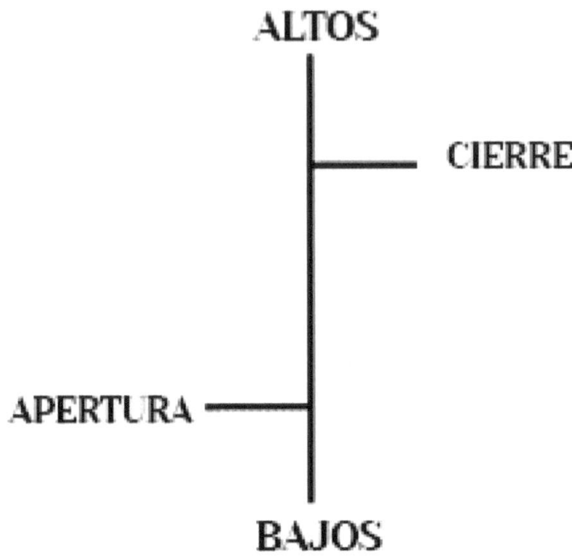

Ver dónde un par de divisas comenzó el período de negociación en comparación con donde terminó puede ayudarle a identificar mejor las tendencias. Si el precio cierra más alto de lo que abrió, sabe que los inversionistas fueron alcistas con respecto al par de divisas durante el período de negociación. Si el precio se cierra por debajo de lo que se abrió, fueron bajistas. Puede ver un ejemplo de un gráfico de barras a continuación.

Gráficos de Velas

Los gráficos de velas proporcionan información similar a los gráficos de barras pero en un formato ligeramente diferente. Los comerciantes técnicos muchas veces utilizan estos gráficos en lugar de los de barras porque es más fácil ver e identificar varios patrones comerciales con ellos. De hecho, alrededor de estos gráficos se desarrolló una línea completa de análisis técnico, el análisis de gráficos de velas japonesas.

El gráfico de velas va creando una serie de velas. Cada vela representa un período de negociación. Para crear una vela, indique el precio alto y bajo de un período comercial y conéctelos con una línea vertical. Esta línea se llama la sombra de la vela. A continuación, indique el precio de apertura dibujando una línea horizontal a través de la línea vertical, o sombra. Después de que haya indicado el precio de apertura, continúe con el precio de cierre dibujando otra línea horizontal a través de la línea vertical. Por último, rellene el área entre el precio de apertura y el precio de cierre. Esta área se le conoce como el cuerpo de la vela.

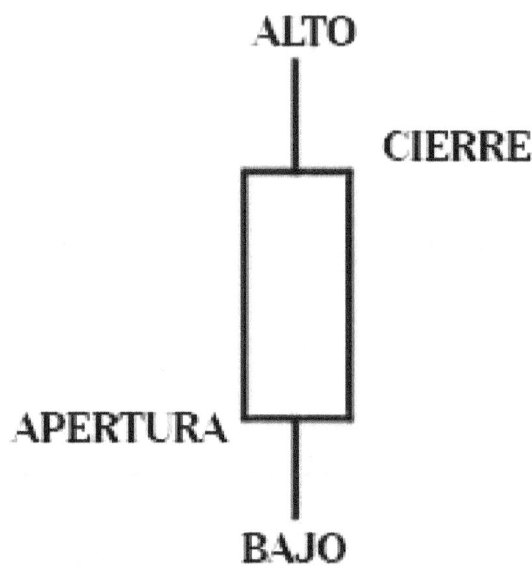

Ver dónde un par de divisas comenzó el período de negociación en comparación con donde terminó el período de negociación puede ayudarle a identificar mejor las tendencias. Si el precio cierra más alto de lo que abrió, sabe que los inversionistas fueron alcistas con respecto al par de divisas durante el período de negociación. Si el precio se cierra por debajo de lo que se abrió, fueron bajistas.

Puede ver un ejemplo de un gráfico de velas a continuación.

CAPÍTULO 2:
Indicadores Técnicos

Indicadores Técnicos

Los gráficos cuentan una historia del mercado. Sin embargo, de vez en cuando esos gráficos pueden contar una historia que no entiende y es posible que necesite la ayuda de un indicador. Los indicadores técnicos son los intérpretes del mercado Forex. Miran la información de precios y la traducen en señales fáciles de entender que pueden ayudarle a determinar cuándo comprar o vender.

Los indicadores técnicos se basan en ecuaciones matemáticas que producen un valor que luego se traza en el gráfico. Por ejemplo, una media móvil calcula el precio promedio de un par de divisas en el pasado y traza un punto en su gráfico. A medida que su gráfico de divisas avanza, la media móvil traza nuevos puntos según la información actualizada de precios que contiene. En última instancia, la media móvil le da una suave indicación de en qué dirección se está moviendo el par de divisas.

Cada indicador técnico proporciona información única. Encontrará que naturalmente gravitará hacia indicadores técnicos específicos basados en su estilo comercial, pero es importante familiarizarse con varios (no todos) de los indicadores técnicos que tiene disponible.

También debe tener en cuenta las debilidades de los indicadores técnicos: los indicadores técnicos analizan los datos históricos de precios, por lo tanto, no garantizan nada definitivo sobre el futuro. Los indicadores técnicos se dividen en las siguientes categorías: indicadores de tendencias, oscilantes y de volumen.

Indicadores De Tendencias

Los indicadores de tendencias, como sugiere su nombre, identifican y siguen la tendencia de un par de divisas. Los comerciantes de Forex son más rentables cuando los pares de divisas están en tendencia. Por lo tanto, es crucial poder identificar cuándo un par de divisas está en tendencia y cuándo se está consolidando. Si puede ingresar a sus operaciones poco después de que comience una tendencia y salir poco después de que termine, tendrá bastante éxito. Echemos un vistazo a algunos indicadores de tendencias.

Media Móvil

La media móvil es el indicador de tendencia más básico. Muestra en qué dirección va un par de divisas y dónde pueden estar los niveles potenciales de soporte y resistencia. La media móvil por si misma puede servir como soporte y resistencia. Mientras discutimos sobre ella, veremos los siguientes tres temas: Cómo se construyen, la señal de comercio, y sus fortalezas.

¿Cómo se Construye una Media Móvil?

La media móvil se forma encontrando el precio de cierre promedio de un par de divisas en un momento dado y luego trazando esos puntos en un gráfico. El resultado le proporciona una línea suave que sigue el movimiento del precio. Puede manipular la media móvil ajustando el período de tiempo que observa el indicador para obtener el precio promedio. Las medias móviles que observan menos periodos de tiempo para determinar un promedio son generalmente más volátiles. Aquellas que miran más periodos de tiempo para determinar un promedio son menos volátiles.

Señal de comercio de la media móvil

Las medias móviles proporcionan señales de comercio útiles de entrada y salida para los pares de divisas que son tendencias:

Señal de entrada – Cuando un par de divisas con tendencia al alza vuelve a subir después de alcanzar una media móvil de tendencia alcista, o con tendencia a la baja vuelve a bajar después de alcanzar una media móvil de tendencia bajista.

Señal de salida – Cuando realiza una operación comercial con un par de divisas con tendencia al alza, establezca una orden de detención por debajo de la media móvil. A medida que aumenta la media móvil, suba su orden también. Si el par de divisas crea una ruptura por debajo de la media móvil, su orden de detención de perdidas lo sacará de la operación comercial.

Cuando ingresa en una operación con un par de divisas a la baja, establezca una orden de pérdidas por encima de la media móvil. A medida que la media móvil cae, mueva su orden junto con la media móvil. Si el par de divisas crea una ruptura por encima de la media móvil, su orden de detención de perdidas cerrará su operación comercial.

Fortalezas de la media móvil

Las medias móviles disfrutan de las siguientes fortalezas: identifican tendencias simples y son lo suficientemente flexibles como para trabajar a corto y largo plazo. A diferencia de algunos indicadores, son muy fáciles de entender.

CAPÍTULO 3:
Indicadores Oscilantes

Indicadores Oscilantes

Son indicadores que se mueven hacia adelante y atrás a medida que los pares de divisas suben y bajan. Estos indicadores pueden ayudarle a determinar qué tan fuerte es la tendencia actual de un par de divisas y cuándo esa tendencia está en peligro de perder impulso y revertirse. Cuando el indicador oscilante se mueve demasiado alto, se considera que el par de divisas está sobrecomprado (compras excesivas y no quedan suficientes compradores en el mercado para impulsar el par de divisas). Esto indica que el par de divisas está en riesgo de una reversión o decaer.

Cuando un indicador oscilante se mueve demasiado bajo, se considera que el par de divisas está sobrevendido (ventas excesivas y no quedan suficientes vendedores en el mercado para presionar dicho par de divisas). Esto indica que el par de divisas está en riesgo de perder impulso y comenzar una reversión. Echemos un vistazo al siguiente indicador oscilante:

Divergencia y Convergencia en la Media Móvil (MACD)

La divergencia y convergencia en la media móvil (MACD) es un indicador oscilante que puede mostrarle cuándo cambia un impulso comercial de alcista a bajista y de bajista a alcista. El MACD también puede revelarle cuándo los comerciantes se están agotando, lo que generalmente resulta en una inversión de tendencia. El MACD generalmente se coloca debajo de los movimientos de precios en un gráfico. Para obtener más información sobre el MACD, veremos los siguientes temas: Creación del MACD, la señal de comercio, y sus Fortalezas.

Construyendo el MACD

La divergencia y convergencia de la media móvil se construye en base a una serie de medias móviles y cómo se relacionan entre sí. El MACD estándar analiza la relación entre un par de divisas de 12 períodos y una media móvil exponencial de 26 períodos. Específicamente, el MACD observa la distancia entre estas dos medias móviles. Si la media móvil de 12 períodos está por encima de la de 26 períodos, la línea MACD será positiva. Si la de 12 períodos está por debajo de la de 26 períodos, será negativa.

La línea MACD está acompañada por una línea de activación. Esta línea es una media móvil exponencial de 9 períodos de la línea MACD.

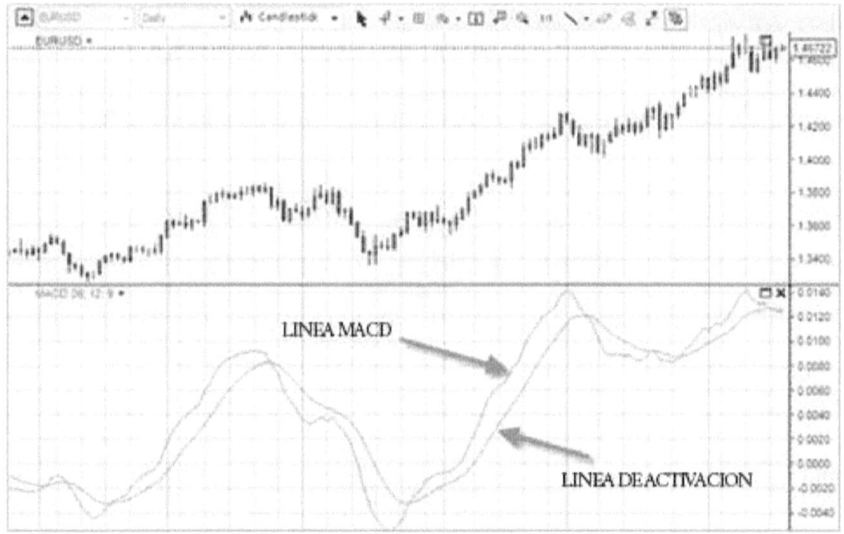

Señal de Comercio

La divergencia y convergencia la media móvil (MACD) da señales de comercio cuando cruza de un lado a otro por encima y debajo de la línea de activación.

Señal de Entrada – cuando la MACD cruza por encima de la línea de activación, puede comprar el par de divisas sabiendo que el impulso cambio de bajista a alcista. En cambio cuando cruza por debajo de la línea de activación, puede vender sabiendo que el impulso cambio de alcista a bajista.

Señal de Salida – cuando la MACD cruza por debajo de la línea de activación después de haber comprado el par de divisas, puede volver a venderlas sabiendo que el impulso se ha tornado bajista. En cambio cuando cruza por encima de la línea de activación después de haber vendido el par de divisas, puede volver a comprarlas sabiendo que el impulso volvió a ser alcista.

Fortalezas de la Divergencia y Convergencia de la Media Móvil

La divergencia y convergencia de la media móvil (MACD) tiene las siguientes fortalezas: le ayuda a identificar cuándo cambia el impulso de un par de divisas y le ayuda a confirmar la fortaleza de las tendencias actuales.

Indicadores de Volumen

Las divisas se negocian en el Intermercado y no en una central de cambio, por lo tanto, no se dispone de datos de volumen para transacciones de divisas. Sin datos de volumen no se pueden construir indicadores de volumen. Por lo tanto, no utilizamos indicadores de volumen en Forex. Puede obtener más información sobre los indicadores de volumen a medida que diversifica sus negociaciones en acciones y futuros.

Patrones de comercio regional

Norteamérica

Los fundamentos se mezclan muy bien con una combinación de indicadores como RSI, MA y MACD.

Europa del sur

En todos los diferentes mercados e instrumentos, las medias móviles se utilizan en gran medida para identificar tendencias, mientras que los osciladores RSI y Estocásticos se utilizan para el impulso y los movimientos laterales en el mercado.

Europa del Este

En su mayoría usan la MACD para tendencias Forex y bandas Bollinger para movimientos laterales.

Norte de Europa

Muchos nórdicos negocian acciones y contrapartes CFD. Usando el volumen comercial de las acciones, los movimientos de precios a menudo se pueden predecir a través del análisis de impulso antes de que ocurran.

CAPÍTULO 4:
Análisis de Fibonacci

Análisis técnico: Fibonacci

El análisis de Fibonacci es conocido por ayudar a identificar niveles de soporte y resistencia potenciales en el futuro en base a tendencias y reversiones anteriores de precios. El análisis de Fibonacci se basa en los descubrimientos matemáticos de Leonardo Pisano, también conocido como Fibonacci. A quien se le atribuye el descubrimiento de una secuencia de números que ahora lleva su nombre, la secuencia de Fibonacci. La secuencia de Fibonacci es una serie de números que progresa de la siguiente manera, 0, 1, 1, 2, 3, 5, 8, 13, 21, 34, 55 ... Para llegar a cada número subsiguiente en la secuencia, simplemente se suman Los dos números anteriores en la secuencia. Por ejemplo, para encontrar el número que sigue a 55 en la secuencia, sume 55 + 34 (los dos números anteriores en la secuencia). La suma de 55 + 34 es 89. Este es el siguiente número en la secuencia.

Lo que atrajo a Fibonacci sobre esta secuencia no fueron los números en sí, sino las relaciones entre los números o las relaciones creadas por varios números en la secuencia. Quizás la proporción más importante es 1.618 también conocida como el número de oro o áureo. Este número se puede encontrar en toda la naturaleza y en toda la secuencia de Fibonacci. Cada número en la secuencia de Fibonacci es 1.618 veces más grande que el número anterior. Por ejemplo, 89 es 1.618 veces más grande que 55 (89/55 = 1.618).

El numero áureo y los demás que existen dentro de la secuencia de Fibonacci representan el flujo natural de la vida. También son aplicables al flujo natural del mercado Forex. En este capítulo, aprenderá cómo las proporciones de Fibonacci se pueden aplicar en Forex utilizando las siguientes herramientas de análisis: retrocesos, proyecciones y ventiladores de Fibonacci.

Retrocesos de Fibonacci

Cuando un par de divisas gira o invierte la tendencia, los comerciantes de Forex, querrán saber a qué distancia es más probable que se mueva el par. Los niveles de retroceso de Fibonacci pueden ayudar. Ciertas proporciones de Fibonacci son útiles cuando intenta determinar hasta qué punto un par de divisas retrocederá frente a una tendencia anterior. Las proporciones que utilizará en su comercio Forex le ayudarán a encontrar los siguientes niveles de retroceso:

61.8 por ciento	Este nivel se encuentra dividiendo un número en la secuencia de Fibonacci por el número que lo sigue en la secuencia (55/89 = 61.8%).
38.2 por ciento	Este nivel se encuentra dividiendo un número en la secuencia de Fibonacci por el segundo número que lo sigue en la secuencia (34/89 = 38.2%).
23.6 por ciento	Este nivel se encuentra dividiendo un número en la secuencia de Fibonacci por el tercer número que lo sigue en la secuencia (21/89 = 23.6%).

También utilizará otros tres niveles en su análisis de retrocesos. Aunque los siguientes niveles no se calculen utilizando números dentro de la secuencia de Fibonacci, se basan en los niveles anteriores:

50 por ciento	Este nivel se determina al encontrar la mitad entre 61.8 por ciento y 38.2 por ciento ((61.8% + 38.2%) / 2 = 50%).
76.4 por ciento	Este nivel se determina encontrando la distancia entre 38.2 por ciento y 23.6 por ciento (38.2% – 23.6% = 14.6%) y agregándolo al 61.8 por ciento (61.8% + 14.6% = 76.4%).
100 por ciento	Este nivel se determina al encontrar dónde comenzó la tendencia anterior.

La determinación de los seis niveles de retroceso de Fibonacci le brinda unos potenciales niveles de soporte y resistencia que puede utilizar en Forex. Puede ver estos niveles de Fibonacci en el gráfico GBP / USD a continuación. Cada uno de los niveles ilustrados se calculó en función de la tendencia resaltada por la flecha roja. Puede usar cada nivel para ayudarle a determinar cuándo ingresar y salir de sus operaciones, ya que el par de divisas comenzó a girar y bajar.

Observe cómo el precio del par de divisas se movió de un lado a otro, rebotando en estos niveles de soporte y resistencia durante meses hasta que finalmente se recupere por encima del máximo establecido por la tendencia anterior (también conocida como nivel de cero por ciento) a finales de octubre.

Proyecciones de Fibonacci

Las tendencias rara vez van directamente hacia arriba o hacia abajo. Al principio se mueven en una dirección, luego retroceden y van en la dirección opuesta por un tiempo y luego retroceden y continúan moviéndose en la dirección anterior. Este es el flujo natural de una tendencia.

Cuando un par de divisas retoma su tendencia anterior, los comerciantes de Forex, naturalmente, quieren saber hasta qué punto es más probable que continúen moviéndose. Los niveles de proyección de Fibonacci pueden ayudar con eso. Ciertas proporciones de Fibonacci son útiles cuando intenta determinar qué tan lejos se moverá un par una vez que reanude su tendencia anterior. Las proporciones que utilizará en sus operaciones le ayudarán a encontrar los siguientes niveles de proyección:

161.8 por ciento	Este nivel se encuentra dividiendo un número en la secuencia de Fibonacci por el número que lo precede inmediatamente en la secuencia (89/55 = 161.8%).
261.8 por ciento	Este nivel se encuentra dividiendo un número en la secuencia de Fibonacci por el segundo número que lo precede en la secuencia (89/34 = 261.8%).
423.8 por ciento	Este nivel se encuentra dividiendo un número en la secuencia de Fibonacci por el tercer número que lo precede en la secuencia (89/21 = 423.8%).

La determinación de los tres niveles de proyección de le brinda unos potenciales niveles de soporte y resistencia que puede utilizar en su comercio Forex.

Puede ver estos niveles de Fibonacci en el gráfico GBP / USD. Cada uno de los niveles ilustrados se calculó en función de la tendencia resaltada por la flecha roja. Ahora que el grafico GBP / USD ha reanudado su tendencia alcista, puede usar cada nivel para ayudarle a determinar dónde establecer sus objetivos de ganancias (niveles de salida) al comprar ese par de divisas.

Tenga en cuenta que el par de divisas, basado en la tendencia pasada, tiene el potencial de ascender hasta el nivel de proyección del 161.8 por ciento en un futuro cercano. Si alcanza ese nivel, puede establecer el nivel de proyección de 261.8 por ciento como su próximo nivel objetivo de ganancias.

Ventiladores de Fibonacci

Los niveles de Fibonacci proporcionan niveles diagonales de soporte y resistencia, así como también horizontales. Los niveles diagonales de soporte y resistencia se denominan ventiladores de Fibonacci. Los ventiladores de Fibonacci se basan en tres niveles de retroceso de Fibonacci 61.8, 50 y 38.2 por ciento. Para construir un ventilador de Fibonacci, debe hacer lo siguiente:

1. Identificar la tendencia

2. Identificar los tres niveles horizontales de Fibonacci (61.8, 50 y 38.2 por ciento) según se relacionan con la tendencia

3. Dibuje una línea vertical que cruce estos niveles en el punto donde terminó la tendencia.

4. Dibuje tres líneas, cada una comenzando donde inició la tendencia y cruzando a través de un punto separado donde la línea vertical cruza uno de los niveles de Fibonacci

Ahora que tiene sus ventiladores de Fibonacci dibujados, puede utilizarlos para proyectar posibles niveles de soporte y resistencia que puede usar en su comercio Forex.

Puede ver un ventilador de Fibonacci en el gráfico GBP / USD mostrado a continuación. Cada uno de los niveles ilustrados se calculó en función de la tendencia resaltada por la flecha roja. Puede usar las rayas del abanico para ayudarle a determinar cuándo ingresar y salir de sus operaciones, ya que el par de divisas comenzó a girar y bajar.

Observe cómo el precio rebotó en la raya media del ventilador de Fibonacci por un tiempo a principios de agosto, antes de que se saliera de ese nivel y comenzara a rebotar en la raya inferior del ventilador durante unos días. También es interesante ver que los niveles creados continúan siendo un factor en el futuro. Puede ver cómo el GBP / USD se recuperó después de alcanzar la raya inferior del ventilador cuatro meses después en noviembre.

Material Regional: Fibonacci en USA y Europa.

En Europa del Este, Fibonacci es una herramienta muy popular para el análisis de tendencias para los principales pares de divisas, sin embargo, muchos comerciantes estadounidenses lo utilizan para encontrar niveles de soporte y resistencia, y para comerciar rupturas. En el sur de Europa, Fibonacci es un indicador muy común en la caja de herramientas de los comerciantes experimentados. Una cantidad considerable utilizan Fibonacci para analizar los desgloses. En general, Fibonacci se usa principalmente para identificar los niveles de soporte y resistencia en Forex.

CAPÍTULO 5:
Patrones de precios

Análisis Técnico: Patrones de Precios

Los comerciantes votan con su dinero. Si creen que un par de divisas se moverá hacia arriba, comprarán. Si creen que bajara, venderán. Cuando el dinero está en juego, los comerciantes harán lo que sea necesario para obtener ganancias. A menudo, las acciones de estos comerciantes forman patrones de precios en los gráficos.

Los patrones de precios son formaciones gráficas que brindan información sobre lo que piensan los comerciantes de Forex a distintos niveles de precios. Aprender a reconocer dichos patrones de precios le dará una ventaja sobre los comerciantes que solo están utilizando fundamentos o indicadores técnicos. Imagínese tener la capacidad de identificar con precisión los puntos de entrada a una transacción cuando un par se sale de sus niveles y la capacidad de proyectar con precisión qué tan lejos llegara una vez que comience a moverse. Los patrones de precios le ayudan con eso. Los mismos se dividen en las siguientes dos categorías: Patrones de continuación, Patrones de inversión.

Patrones de Continuación

Los comerciantes de Forex se preguntan frecuentemente, "¿por cuánto tiempo continuará esta tendencia?". Decidir si entrar en medio de una tendencia o salir en la que está y bloquear sus ganancias es difícil. Nunca se puede saber si se invertirán y comenzarán a moverse en la dirección opuesta, ¿o sí? Los patrones de continuación le proporcionan una advertencia temprana cuando es probable que un par de divisas continúe su tendencia después de un breve período de consolidación y qué tan probable es que se muevan en dicha dirección. Obviamente, los patrones de continuación no son perfectos, pero aumentan las probabilidades de tener éxito. Veremos algunos de los bien conocidos patrones de continuación de precios.

Banderines

Los banderines son patrones de continuación que se forman a medida que el precio de un par de divisas se mueve hacia un rango de consolidación cada vez más ajustado. Los banderines pueden ser alcistas o bajistas, dependiendo de cuál era la tendencia antes de que el banderín comenzara a formarse. Si un par estaba en una tendencia alcista antes de que el banderín comenzara a formarse, es un patrón de continuación alcista. Si es una tendencia bajista, es un patrón de continuación bajista. Los banderines generalmente se forman en períodos de tiempo más cortos. Todos los banderines poseen las siguientes características:

Nivel de Resistencia (A) – nivel de resistencia descendente que está convergiendo con el nivel de soporte.

Nivel de Soporte (B) – nivel de soporte ascendente que está convergiendo con el nivel de resistencia.

Asta (C) – es la tendencia que precede a la formación del banderín. El asta abarca la distancia desde el comienzo de la tendencia hasta el punto más alto del banderín (banderín alcista), o abarca la distancia desde el comienzo de la tendencia hasta el punto más bajo del banderín (banderín bajista).

Punto de Ruptura (D) – es el punto en el que un par de divisas crea una ruptura por encima del nivel de resistencia de una tendencia bajista (banderín alcista), o por debajo del nivel de soporte de una tendencia alcista (banderín bajista).

Proyección de Precios (E) – es el precio más probable al que el par de divisas caerá después de que haya salido de la formación del banderín (banderín bajista), o al que probablemente subirá después de que haya salido de la formación del banderín (banderín alcista). La distancia a la cual se proyecta que se moverá el par de divisas es igual a la altura del asta.

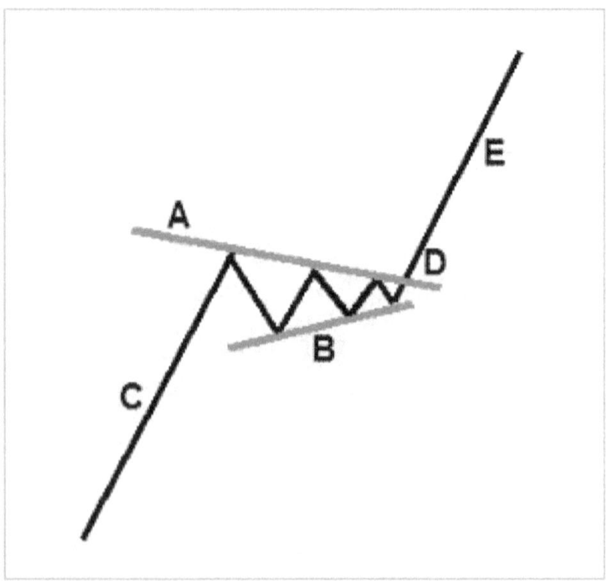

Banderas

Son patrones de continuación que se forman a medida que el precio de un par de divisas se aleja de la tendencia predominante en un canal paralelo. Pueden ser alcistas o bajistas, según la tendencia antes de que la bandera comience a formarse. Si un par de divisas estaba en una tendencia alcista antes de que la bandera comenzara a formarse, es un patrón de continuación alcista. Si estaba en una tendencia bajista, es de continuación bajista. Las banderas generalmente se forman en períodos de tiempo más cortos. Todas las banderas poseen las siguientes cinco características:

Nivel de Resistencia (A) – nivel de resistencia descendente que es paralelo al nivel de soporte (bandera alcista), o un nivel de resistencia ascendente que es paralelo al nivel de soporte (bandera bajista).

Nivel de Soporte (B) – nivel de soporte de tendencia descendente que es paralelo al nivel de resistencia (bandera alcista), o un nivel de soporte de tendencia ascendente que es paralelo al nivel de resistencia (bandera bajista).

Asta (C) – Es la tendencia que precede a la formación de la bandera. El asta abarca la distancia desde el comienzo de la tendencia hasta el punto más alto de la bandera (bandera alcista), o la distancia desde el comienzo de la tendencia hasta el punto más bajo de la bandera (bandera bajista).

Punto de Ruptura (D) es el punto en el que el par de divisas crea una ruptura por encima del nivel de resistencia de la tendencia bajista (bandera alcista), o por debajo del nivel de soporte de la tendencia alcista (bandera bajista).

Proyección de Precios (E) – es el precio al que probablemente el par de divisas caerá más después de que haya salido de la formación de bandera (bandera bajista), o al que probablemente subirá después de que haya salido de la formación de bandera (bandera alcista) . La distancia a la cual se proyecta que se moverá el par de divisas es igual a la altura del asta.

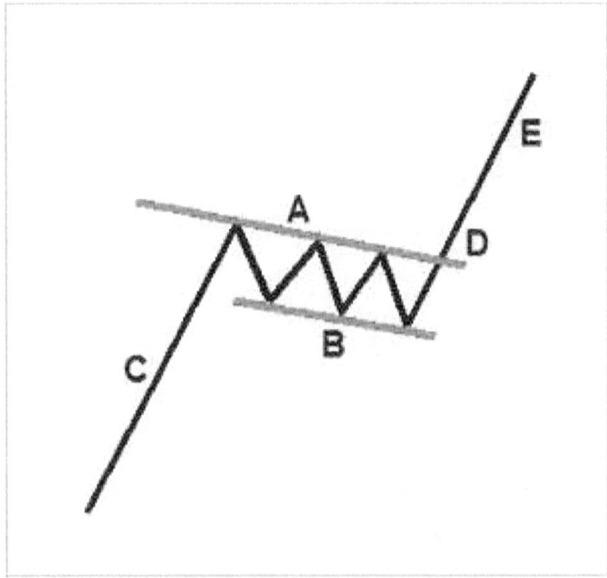

Triángulos

Los triángulos son patrones de continuación que se forman cuando el precio de un par de divisas alcanza un nivel plano de soporte o resistencia y comienza a moverse hacia un rango de consolidación cada vez más estrecho.

Los triángulos pueden ser alcistas o bajistas, según la tendencia antes de que la cuña comenzara a formarse. Si un par de divisas estaba en tendencia alcista antes de que el triángulo comenzara a formarse, es un patrón de continuación alcista. Si estaba en una tendencia bajista, es un patrón de continuación bajista. Los triángulos generalmente se forman durante períodos de tiempo prolongados.

Todos los triángulos tienen las siguientes características:

Nivel de Resistencia (A) - nivel horizontal de resistencia (triángulo alcista o ascendente), o nivel de resistencia descendente que converge con el nivel de soporte (triángulo descendente).

Nivel de Soporte (B) - nivel de soporte ascendente que está convergiendo con el nivel de resistencia (triángulo alcista o ascendente), o nivel de soporte horizontal (triángulo descendente o descendente).

Asta (C) – es la tendencia que precede a la formación del triángulo. El asta abarca la distancia desde el comienzo de la tendencia hasta el punto más alto del triángulo (triángulo alcista o ascendente), o la distancia desde el comienzo de la tendencia hasta el punto más bajo del triángulo (bajista o descendente).

Punto de Ruptura (D) – es el punto en el que el par de divisas crea una ruptura por encima del nivel horizontal de resistencia (triángulo alcista o ascendente), o por debajo del nivel de soporte horizontal (triángulo descendente o bajista).

Proyección de Precios (E) – es el precio al que el par de divisas probablemente caerá más después de que haya salido de la formación del triángulo (triángulo bajista o triángulo descendente), o al que probablemente subirá (tendencia alcista o triángulo ascendente). La distancia a la cual se proyecta que se moverá el par de divisas es igual a la altura del asta.

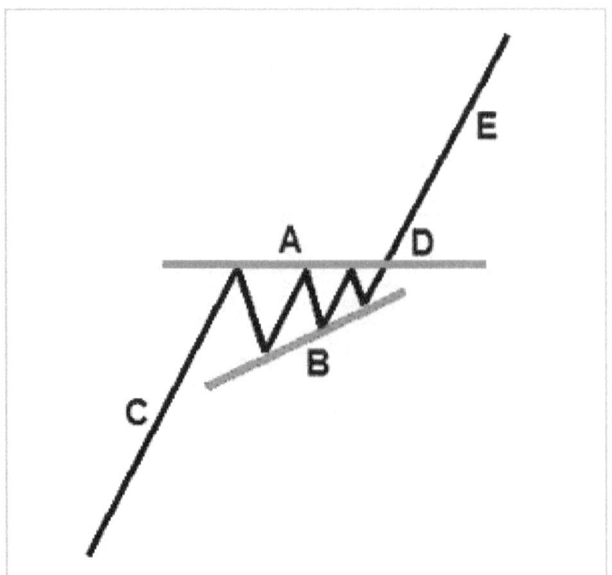

Patrones de Inversión

Como ya hemos mencionado, los comerciantes de Forex a menudo se preguntan: "¿cuánto tiempo continuará esta tendencia?" Decidir si una tendencia ha terminado y si es el momento de comerciar en contra de la tendencia anterior es difícil. Nunca se sabe el 100% si un par se va a invertir y se moverá en la dirección opuesta. Los patrones de inversión le darán una idea anticipada de cuándo es probable que un par de divisas gire y comience una nueva tendencia y qué tan probable es que se muevan en la dirección opuesta. Revisemos los siguientes patrones de reversión de precios:

Doble Techo y Suelo

Son patrones de inversión que se forman cuando el precio de un par de divisas alcanza un nivel de soporte o resistencia dos veces antes de que el par gire y se mueva en la dirección opuesta. Los doble techo son patrones de inversión bajista y los doble suelo son de inversión alcista. Si un par de divisas está en una tendencia alcista, formará un doble techo. Si un par de divisas está en una tendencia bajista, formará un doble suelo. Dichos dobles generalmente se forman durante largos períodos de tiempo y tienen las siguientes características:

Nivel de Resistencia (A) - Nivel horizontal de resistencia.

Nivel de Soporte (B) - Nivel horizontal de soporte.

Punto de Ruptura (C) – es el punto en el que el par de divisas crea una ruptura por encima del nivel horizontal de resistencia (doble suelo), o por debajo del nivel horizontal de soporte (doble techo).

Proyección de Precios (D) – se trata del precio al que el par de divisas probablemente caerá más después de que haya salido de la formación de doble techo, o al que probablemente subirá después de que haya salido de la formación de doble suelo.

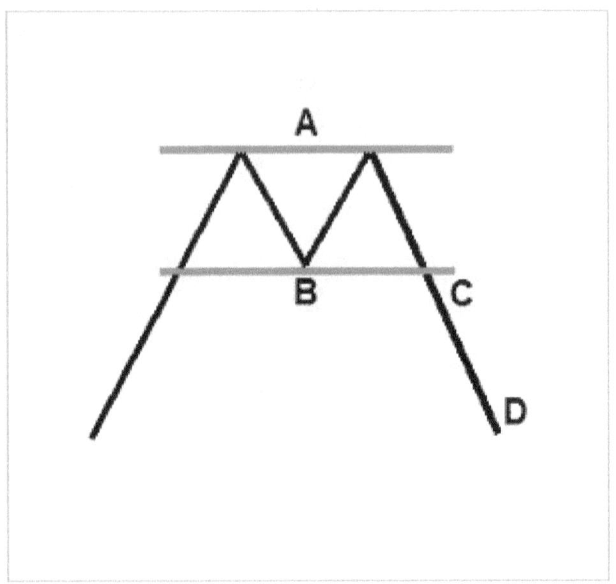

Triple Techos y Suelos

Son patrones de inversión que se forman cuando el precio de un par de divisas alcanza un nivel de soporte o resistencia tres veces antes de que gire y se mueva en la dirección opuesta. Los triples techo son patrones de inversión bajista y los triple suelo son de inversión alcista. Si un par de divisas está en una tendencia alcista, formará un triple techo. Si está en una tendencia bajista, formará un triple suelo. Generalmente se forman durante largos períodos de tiempo.

El triple techo y el suelo tienen las siguientes características:

Nivel de Resistencia (A) – Nivel de resistencia horizontal o ligeramente en ángulo.

Nivel de Soporte (B) – Nivel de soporte horizontal o ligeramente en ángulo.

Punto de Ruptura (C) – es el punto en el que el par de divisas crea una ruptura por encima del nivel horizontal de resistencia (triple suelo), o por debajo del nivel horizontal de soporte (triple techo).

Proyección de Precios (D) – es el precio al que el par de divisas probablemente caerá más después de que haya salido de la formación de triple techo, o al que probablemente subirá después de que haya salido de la formación de triple suelo.

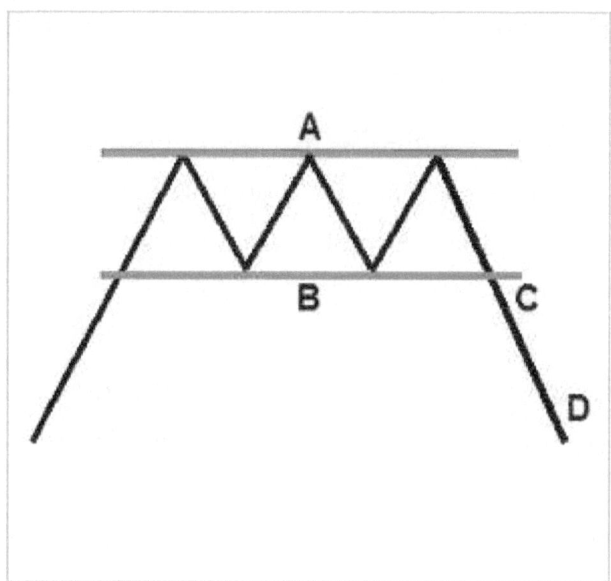

Hombro-Cabeza-Hombro Parte Superior e Inferior

La parte superior de una figura Hombro-Cabeza-Hombro es un patrón de inversión que se forma cuando el precio de un par de divisas alcanza un nivel de resistencia (formando el primer hombro), luego forma una ruptura en el primer nivel de resistencia y alcanza un nivel más alto (formando la cabeza) y luego llega al primer nivel de resistencia nuevamente (formando el segundo hombro).

La parte inferior de una figura Hombro-Cabeza-Hombro es un patrón de inversión que se forma cuando el precio de un par de divisas alcanza un nivel de soporte (formando el primer hombro), luego forma una ruptura en el primer nivel de soporte y alcanza un nivel más bajo (formando la cabeza) y luego llega al primer nivel de soporte nuevamente (formando el segundo hombro).

La parte superior de una figura Hombro-Cabeza-Hombro es un patrón de inversión bajista y la parte inferior es alcista. Si un par de divisas está en una tendencia alcista, formará una parte superior y si está en una tendencia bajista, formará una inferior. Las partes superiores e inferiores generalmente se forman durante largos períodos de tiempo y poseen las siguientes cinco características:

Hombro Izquierdo (A) – nivel de resistencia horizontal, (parte superior), nivel de soporte horizontal o ligeramente inclinado, (parte inferior).

Cabeza (B) – nivel de resistencia horizontal más alto (parte superior), nivel de soporte horizontal más bajo, o ligeramente inclinado (parte inferior).

Hombro Derecho (C) – Nivel de resistencia horizontal o ligeramente en ángulo que está en línea con el hombro izquierdo (parte superior), o nivel de soporte horizontal que está en línea con el hombro izquierdo (parte inferior).

Línea de Cuello (D) – Nivel de soporte horizontal o ligeramente en ángulo (parte superior), o nivel de resistencia horizontal o ligeramente en ángulo (parte inferior).

Punto de Ruptura (E) – es el punto en el que el par de divisas crea una ruptura por encima de la línea del cuello (parte inferior), o por debajo de la línea del cuello (parte superior).

Proyección de Precios (F) – es el precio al que el par de divisas probablemente caerá más después de que haya salido de la formación superior, o el precio al que probablemente subirá después de que haya salido de la formación inferior.). La distancia a la cual se proyecta que se moverá el par de divisas es igual a la distancia entre la cabeza y el cuello.

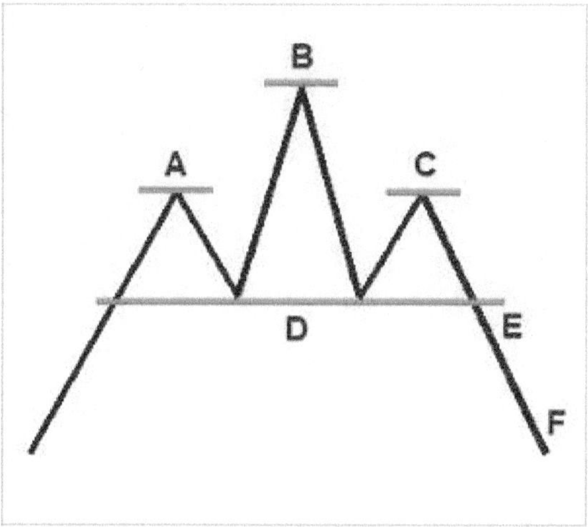

CAPÍTULO 6:
Usando Varios Marcos de Tiempo

Comerciando con Múltiples Marcos de Tiempo

Los comerciantes con prácticamente cualquier tamaño de cuenta y tolerancia al riesgo operan en el mercado Forex. En cualquier momento dado, los inversionistas a corto plazo y los comerciantes de análisis fundamental a largo plazo están buscando los mismos pares de divisas y están tratando de averiguar cómo colocar o ajustar sus operaciones. Sin embargo, si bien pueden estar mirando lo mismo, no están mirando con los mismos marcos de tiempo. Los comerciantes a corto plazo tienen más probabilidades de ver los gráficos de 5 minutos a 15 minutos, mientras que los de a largo plazo tienen más probabilidades de ver los gráficos diarios o mensuales.

Las tendencias, las líneas de soporte y resistencia y los indicadores técnicos se ven muy diferentes en un gráfico de 1 minuto que en un gráfico diario. Por ejemplo, si mira un gráfico de 1 minuto del EUR / USD y observa que el par parece estar en una tendencia bajista, pero si ajusta su gráfico a una configuración diaria, puede ver que el par de divisas ha estado en una tendencia alcista durante semanas. Entonces, ¿cuál gráfico está en lo correcto? ¿Está el EUR / USD en una tendencia alcista o bajista? ... depende de su marco de negociación.

Los comerciantes de Forex comercian con una tendencia a largo plazo. Han tenido un mayor tiempo para establecerse, y se necesitará una gran ruptura para cambiar su dirección. Obviamente, si ve que los fundamentos cambian para una moneda o un anuncio de noticias que afectan a una moneda, puede comerciar contra la tendencia a largo plazo si utiliza una buena gestión de riesgo. Siempre debe estar alerta a las tendencias y a los niveles de soporte y resistencia en múltiples marcos de tiempo. Esto le permite identificar qué tan fuertes son las diferentes tendencias. El uso de múltiples marcos de tiempo en sus gráficos le ayudara a afinar su análisis técnico.

Debe analizar los siguientes tres gráficos en su análisis técnico: Gráfico de tendencias (largo plazo), Gráfico de señales, Gráfico de sincronización (corto plazo). Una vez que haya analizado cada marco de tiempo, puede combinarlos para crear una configuración de alta probabilidad.

Gráfico de Tendencias

El gráfico de tendencias le ayuda a identificar la tendencia principal con la que debe tratar de comerciar. Si el par de divisas en el gráfico de tendencias tiene una tendencia alcista, debe buscar comprar. Si tiene una tendencia bajista, debería vender. Para identificar el marco de tiempo que debe usar para su gráfico de tendencias, primero debe identificar el marco de tiempo que normalmente usa en sus gráficos de señales. Una vez que haya identificado el marco de tiempo de su grafico de señales, debe incrementarlo para encontrar el que debe usar en su grafico de tendencias. La siguiente es una lista de los marcos de tiempo más comunes del grafico de señales que puede usar para identificar el marco de tiempo apropiado para su gráfico de tendencias:

Gráfico de señal 1-minuto	=	Gráfico de Tendencia 15- a 30- minutos
Gráfico de señal 5-minutos	=	Gráfico de Tendencia 1-hora
Gráfico de señal 15- a 30- minutos	=	Gráfico de Tendencia 4-horas
Gráfico de señal 1-hora	=	Gráfico de Tendencia 1-dia
Gráfico de señal 1-dia	=	Gráfico de Tendencia 1- semana
Gráfico de señal 1- semana	=	Gráfico de Tendencia 1-mes

Por ejemplo, si normalmente comercia con el EUR / USD mirando un gráfico de 1 hora, debe usar un gráfico de tendencias de 1 día. Si usa un gráfico de 15 minutos, debe usar un gráfico de tendencias de 4 horas.

Una vez que haya identificado el marco de tiempo que debe usar para su gráfico de tendencias, todo lo que debe hacer es determinar cuál es la tendencia que prevalece en el gráfico. Puede usar el soporte diagonal y los niveles de resistencia o media móvil para identificar la tendencia. Puede ver en nuestro grafico semanal EUR / USD que tanto el nivel de soporte diagonal como la media móvil indican que este par de divisas está en una tendencia alcista.

Si hay una tendencia alcista en su gráfico de tendencias, debe buscar señales de compra en su gráfico de señales. Si hay una tendencia bajista, debe buscar señales de venta. Una vez que haya identificado la tendencia, necesitara identificar a continuación las señales de comercio rentables.

Gráfico de Señales

El gráfico de señales es su gráfico más importante. Proporciona las señales de negociación que le indican cuándo buscar oportunidades de compra y venta según el sistema de negociación que utiliza. Por ejemplo, si normalmente usa el índice de canales de productos básicos (CCI) para ayudarle a identificar las señales de negociación, usará el grafico de señales allí y no en el gráfico de tendencias.

El uso de un gráfico de señales junto con un gráfico de tendencias le permite identificar con mayor precisión posibles señales rentables. Por ejemplo, si su gráfico de tendencias muestra que el par de divisas está en una tendencia alcista, solo debe buscar señales de compra en su gráfico de señales. La mejor manera de aprovechar una tendencia alcista a largo plazo es comprando. Si su gráfico de tendencias muestra que el par de divisas está en una tendencia bajista, solo debe buscar señales de venta en su gráfico de señales. La mejor manera de aprovechar una tendencia bajista a largo plazo es vendiendo.

El gráfico de tendencias le permite ignorar las señales menos rentables que ve en su gráfico de señales. Dado que estas señales van en contra de la tendencia a largo plazo, es muy probable que no sean rentables. Ahora que ya ha identificado sus señales de negociación, necesita determinar exactamente cuándo debe ingresar y salir de sus operaciones comerciales utilizando su grafico de sincronización

Gráfico de Sincronización

El grafico de sincronización le ayuda a calcular exactamente cuándo debe ingresar y salir de una operación comercial. Cada pip cuenta cuando es un comerciante de Forex, cuanto más preciso sea con sus puntos de entrada y salida, más ganancias obtendrá. La siguiente es una lista de los marcos de tiempo más comunes de los gráficos de señales que puede usar para identificar el período de tiempo adecuado para su gráfico de sincronización:

Gráfico de señal 1-minuto	=	Gráfico de sincronización Tic
Gráfico de señal 5-minutos	=	Gráfico de sincronización 1-minuto
Gráfico de señal 15- a 30-minutos	=	Gráfico de sincronización 5-minutos
Gráfico de señal 1-hora	=	Gráfico de sincronización 15-minutos
Gráfico de señal 1-dia	=	Gráfico de sincronización 1-hora
Gráfico de señal 1- semana	=	Gráfico de sincronización 1-día
Gráfico de señal 1-mes	=	Gráfico de sincronización 1-semana

Puede usar uno de los dos métodos siguientes al ubicar las señales de entrada y salida en sus gráficos de sincronización:

1. Identificar la tendencia junto con los niveles de soporte y resistencia.

2. Use el mismo indicador técnico que utiliza para generar sus señales de comercio

Identifique la tendencia junto al soporte y la resistencia si ve una señal de compra en su tabla de señales, necesita que el par de divisas este en una tendencia alcista en el gráfico de sincronización. También debe revisar que el precio esté más cerca del soporte que de la resistencia, esto indica que tiene espacio para subir antes de llegar a la resistencia. Por supuesto, si se acaba de hacer una ruptura a través de la resistencia, podría continuar subiendo.

Si usa un indicador técnico como el índice de canal de productos básicos (CCI) en su gráfico de señales para generar señales de compra y venta, también puede usar ese mismo indicador en su gráfico de sincronización para ayudarle a identificar cuándo debe entrar o salir. Por ejemplo, si usó el CCI en su gráfico de señales y arrojo una señal de compra, debe agregar el CCI a su gráfico de sincronización y así se asegurara de que también le dé una señal de compra en su gráfico de sincronización. Si el CCI no está dando una señal de compra en el gráfico de sincronización debe esperar por la señal antes de entrar.

CAPÍTULO 7:
Configuración Comercial de Alta Probabilidad

Configuración Comercial de Alta Probabilidad

Observemos cómo se ve una configuración de comercio de alta probabilidad utilizando un enfoque de comercio con múltiples marcos de tiempo. Analizaremos un ejemplo del EUR / USD utilizando un gráfico semanal como gráfico de tendencias, un gráfico diario como gráfico de señales y un gráfico de 1 hora como gráfico de sincronización.

Primero, verifique su gráfico de tendencias para ver en qué dirección está la tendencia de la moneda. Como puede ver en el gráfico semanal EUR / USD, ha estado en una tendencia alcista durante una buena cantidad de tiempo. Sería imprudente luchar contra esta tendencia e intentar vender.

A continuación, observemos el grafico de señales para identificar una buena señal de compra para el EUR / USD. En este ejemplo, estamos considerando el uso del índice de canal de productos básicos (CCI) para generar nuestra señal. Puede ver en el gráfico que el CCI dio una señal de compra el 10 de octubre cuando cruzó desde menos –100 a más de –100. La tendencia en el gráfico también se movió hacia arriba.

Finalmente, observe el gráfico de sincronización para identificar el momento adecuado para comprar el EUR / USD. Puede ver en el gráfico de 1 hora que el par de divisas está en una tendencia alcista en el momento en que se generó la señal esperada en el gráfico de señales. También puede ver que el CCI en su gráfico de 1 hora acaba de dar una señal de compra aproximadamente al mismo tiempo que en el gráfico de señal.

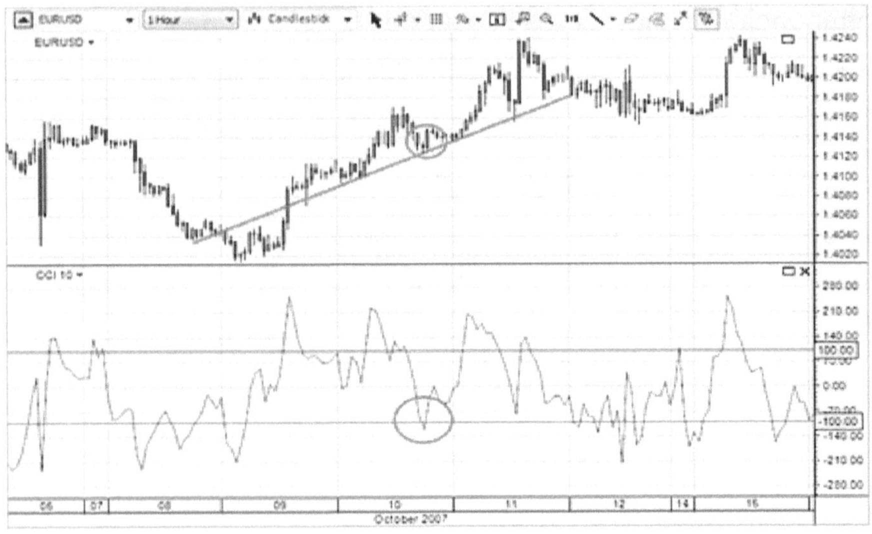

Ver que la señal de comercio generada en la tabla de señales se alinee tan bien con la tendencia en la tabla de tendencias y el movimiento de la moneda en el gráfico de sincronización, debería darle una gran confianza de que su negociación será exitosa. El uso de múltiples marcos de tiempo, como regla, le proporciona información comercial más precisa.

CAPÍTULO 8:
Relaciones en el Intermercado

Relaciones en el Intermercado

El mercado Forex es el mercado financiero más líquido. Si bien ningún otro mercado financiero puede competir con su tamaño, los otros mercados sí le afectan. Por ejemplo, el mercado de bonos de EE. UU. Puede afectar el valor del dólar estadounidense (USD), al igual que el mercado de valores canadiense puede afectar el valor del dólar canadiense (CAD).

Para convertirse en un comerciante de Forex exitoso, debe entender las relaciones que existen entre los mercados financieros del mundo y cómo estas relaciones pueden afectar los pares de divisas con las que está comerciando. A menudo recibirá una temprana advertencia de lo que está por suceder en el mercado Forex si está alerta de lo que está sucediendo en otros mercados financieros. Por ejemplo, si ve que el valor del oro aumenta rápidamente, puede buscar un aumento similar en el valor del AUD / USD. Una vez que sepa todo a lo que debe prestarle atención, puede aprovechar las correlaciones similares que observan los grandes inversionistas institucionales. Ahora nos centraremos en cómo los siguientes mercados afectan al mercado Forex: Mercado de materias primas, Mercado de bonos y la Bolsa de valores.

Mercado de Materias Primas y el Mercado Forex

La demanda global de materias primas ha vinculado al mercado de materias primas y al mercado Forex. Prácticamente todas las economías del mundo tienen que importar algunas de sus materias primas. Para comprar esas materias, los importadores deben cambiar su moneda por la moneda de la economía a la que están importando los bienes. Esta transacción aumenta la demanda de la moneda del exportador, lo que aumenta el valor de esa moneda. Esta transacción también reduce el valor de la moneda del importador.

Tres de las principales monedas, el dólar canadiense (CAD), el dólar australiano (AUD) y el dólar neozelandés (NZD) están estrechamente vinculados a los valores de sus materias primas porque son los principales exportadores de dichas materias. A medida que aumenta el precio de las materias primas, el valor de esas monedas aumenta también. A medida que el precio cae, el valor de estas monedas disminuye. Cada una de estas monedas de materias primas, como se las llama, se ve afectada de manera diferente por varias materias primas. Por ejemplo, el dólar australiano está correlacionado con el oro. A medida que el precio del oro sube, el valor del dólar australiano también sube. A medida que el precio del oro baja, el valor del dólar australiano también. Si bien esta correlación no es perfecta, vale la pena prestar atención a los eventos en el mercado de materias primas en los próximos años ya que pueden llevarlo a obtener ganancias en sus comercios en Forex. Esté preparado para aprovechar no solo las monedas que se fortalecerán a medida que aumenten los precios de las materias primas, sino también las monedas que se debilitarán.

Mercado de Bonos y el Mercado Forex

Después del mercado Forex, el mercado global de bonos es el segundo mercado financiero más grande del mundo. Gobiernos, instituciones e inversionistas individuales participan activamente en este mercado global, y cada uno de esos participantes está buscando lo mismo, ¡ganancias!

Los bonos del gobierno constituyen el mayor porcentaje del mercado global de bonos. Estos bonos generalmente se consideran inversiones libres de riesgo porque están respaldados por la buena voluntad y la fe de los gobiernos nacionales. Sin embargo, no todos los bonos del gobierno son iguales. Algunos gobiernos pagan una tasa de interés mayor que otros por sus bonos. Los inversionistas internacionales tienen en cuenta estas tasas de interés cuando deciden dónde invertir su dinero. Por lo general, los bonos con tasas de interés más altas son más atractivos para los inversionistas siempre que las economías que los respaldan sean relativamente estables.

Los inversionistas que desean comprar bonos del gobierno deben comprarlos con la moneda del gobierno representado. Si por ejemplo desean comprar bonos del gobierno de los Estados Unidos, primero cambian sus monedas por dólares estadounidenses (USD). Este aumento de la demanda de dólares estadounidenses (USD) eleva el valor del USD. Al mismo tiempo, la mayor oferta de monedas internacionales en el mercado hace que el valor de estas monedas disminuya.

Saber qué gobiernos ofrecen tasas de interés más altas en sus bonos y cuales están ganando popularidad entre los inversionistas internacionales le ayudara a saber qué monedas comprar y cuales vender.

Bolsa de Valores y el Mercado Forex

Los inversionistas individuales a nivel mundial parecen observar la bolsa de valores más estrechamente que cualquier otro mercado. Las acciones son emocionantes, han existido por un tiempo y la mayoría de los inversionistas individuales pueden relacionarse con las compañías en las que están comprando acciones. Cuando los tiempos son buenos en la bolsa de valores, el dinero fluye hacia adentro. Cuando los tiempos son malos fluye hacia afuera.

La globalización ha hecho que sea más fácil para los inversionistas de un país invertir en la bolsa de valores de otros países. Si los inversionistas ven que las acciones en los Estados Unidos están desempeñándose bien, se apresurarán a comprar dichas acciones. Si ven que las acciones en Japón están comenzando a superar a las acciones en Europa, sacarán su dinero de Europa y lo colocarán en Japón. Las acciones se negocian en la moneda de la economía de la que forman parte. Para invertir en acciones en los Estados Unidos, los inversionistas extranjeros deben primero convertir sus monedas a dólares estadounidenses (USD). Este aumento de la demanda de dólares estadounidenses hace que el valor del USD sea más alto. Al mismo tiempo, la mayor oferta de monedas internacionales en el mercado hace que el valor de estas monedas disminuya.

Los inversionistas de Forex observan de cerca cómo se están comportando las bolsas de valores. Si la bolsa de valores en un país comienza a superar a la de otro país, los inversionistas saben que es probable que otros inversionistas muevan su dinero del país con la bolsa de valores más débil al país con la más fuerte. Esto hará que el valor de la moneda para el país con la bolsa de valores más fuerte sea mayor y el valor de la moneda para el país con la bolsa más débil más bajo. Al comprar la moneda del país con el mercado más fuerte y luego vender la moneda del país con el mercado más débil, potencialmente puede obtener buenas ganancias.

CAPÍTULO 9:
Conocimiento Esencial Sobre el Análisis Fundamental

Una Economía Fuerte Aumenta los Valores Monetarios

Las economías fuertes generalmente tienen monedas fuertes, las dos están unidas. Cuando una economía tiene un buen desempeño, generalmente significa que las corporaciones son rentables, la mayoría de la fuerza laboral está empleada y, en su mayoría, las tasas de interés en crecimiento. Estas características le traen beneficios como comerciante de Forex.

El aumento de las tasas de interés es uno de los indicadores más predictivos del aumento de los valores monetarios y los bancos centrales de todo el mundo determinan las tasas de interés en sus respectivas economías. Estos bancos centrales generalmente aumentan las tasas de interés cuando la inflación medida por el índice de precios al consumidor (IPC) y el índice de precios de los productores (IPP) comienza a crecer muy rápido.

El crecimiento económico da origen a la inflación. Lo normal es que cuanto más fuerte sea la economía, mayor será la demanda de trabajadores. A medida que aumenta la demanda de trabajadores, también aumentan sus salarios. Cuanto más dinero llevan los trabajadores a casa en sus cheques, más dinero tienen que gastar en tiendas, autos y casas. A medida que aumenta la demanda de bienes y servicios, el precio de esos bienes y servicios también aumenta, en otras palabras, inflación.

Si los bancos centrales observan los indicadores de inflación (como el IPC y el IPP) en su proceso de toma de decisiones, se asume que también están interesados en observar los indicadores de fortaleza económica para ver qué tan fuerte es una economía. Los bancos centrales observan los siguientes indicadores económicos fundamentales para medir la fortaleza de una economía, y usted también debe hacerlo:

Producto interno bruto (PIB), Nóminas no agrícolas, Pedidos de bienes duraderos, Ventas minoristas.

Producto Interno Bruto (PIB)

Es la medida más amplia de la actividad económica agregada disponible. Informado de forma trimestral, el crecimiento del PIB se sigue ampliamente como el principal indicador de la fortaleza económica.

El PIB representa el valor total de la producción de un país durante un período y consiste en la compra de bienes y servicios de producción nacional por parte de individuos, empresas, extranjeros y el gobierno. Dado que los informes del PIB a menudo están sujetos a una gran volatilidad y revisiones de trimestre a trimestre, es mejor seguir el indicador año por año. Puede ser de gran valor seguir la tendencia de crecimiento en cada una de las categorías principales del PIB para determinar las fortalezas y debilidades de dicha economía. Una cifra alta del PIB es a menudo asociada con expectativas de tasas de intereses altas, que con frecuencia son positivas, al menos a corto plazo para la moneda involucrada. Esto permanece cierto a menos que las expectativas de una mayor presión inflacionaria debiliten la confianza en la moneda.

Nóminas No Agrícolas (USA)

Es una medida del número de personas empleadas por empresas no agrícolas. Los cambios mensuales en el empleo de la nómina reflejan el número neto de nuevos empleos creados o perdidos durante el mes y los cambios se siguen como un indicador importante de la actividad económica.

Es uno de los principales indicadores mensuales de la actividad económica agregada porque abarca todos los sectores principales de la economía. También es bueno examinar las tendencias en la creación de empleos en varias categorías de la industria porque los nuevos datos pueden enmascarar desviaciones significativas en las tendencias de la industria subyacente. Los grandes aumentos de empleos en la nómina son vistos como signos de una actividad económica fuerte que a futuro podrían llevar a tasas de interés más altas que apoyen a esa moneda. Si se considera que las presiones inflacionarias van en aumento, esto puede debilitar la confianza a largo plazo en la moneda.

Pedidos de Bienes Duraderos

Los pedidos de bienes duraderos son un indicador muy relevante de las tendencias del sector manufacturero porque la mayoría de la producción industrial se realiza con pedidos. A menudo, el indicador excluye las órdenes de defensa y transporte porque generalmente son mucho más volátiles que el resto y pueden ocultar la tendencia subyacente más importante.

Los pedidos de bienes duraderos también son una medida de los nuevos pedidos realizados con fabricantes nacionales para la entrega inmediata y futura de bienes duros. Los cambios porcentuales mensuales reflejan la tasa de cambio de dichos pedidos. Los niveles y los cambios en el orden de los bienes duros se siguen ampliamente como un indicador del impulso del sector de fabricación. El aumento de los pedidos de bienes duros normalmente esta asociado con una actividad económica más fuerte y, por lo tanto, puede llevar a tasas de interés más altas a corto plazo que a menudo son favorables para una moneda.

Ventas Minoristas

Las ventas minoristas son una medida de los ingresos totales de las tiendas minoristas. Los cambios porcentuales mensuales reflejan la tasa de cambio de dichas ventas y son seguidos como un indicador del gasto del consumidor. Son un indicador importante del gasto del consumidor porque representan casi la mitad del gasto total del consumidor y aproximadamente un tercio de la actividad económica agregada.

A menudo, se siguen las ventas minoristas menos las ventas de automóviles, ya que por lo general son mucho más volátiles que el resto y, por lo tanto, pueden ocultar la tendencia subyacente más importante.

El aumento de las ventas minoristas a menudo se asocia con una economía fuerte y una expectativa de tasas de interés más grandes a corto plazo que normalmente son positivas para una moneda a corto plazo.

Indicadores Económicos Regionales

Los indicadores regionales como los informes Tankan son muy importantes para el JPY y, por lo tanto, tienen un impacto notable en otros mercados de la región. Los pedidos de máquinas también son un dato importante, ya que esto afecta a las empresas exportadoras, que a su vez también afecta a la moneda.

Las cifras del IPC de varios países, especialmente Australia, Japón y China, suelen ser un motor del mercado y son vigiladas de cerca por comerciantes profesionales.

Los números del índice de gestores de compras (PMI) establecen el tono para el mes y son un temprano indicador de la actividad económica en la región.

CAPÍTULO 10:
Psicología comercial

Psicología Comercial

Los comerciantes de Forex no solo tienen que competir con otros comerciantes en el mercado, sino también con ellos mismos. A menudo, como comerciante, usted será su peor enemigo. Como humanos, solemos ser emocionales. Nuestros egos quieren ser validados, queremos demostrarnos que sabemos lo que estamos haciendo y que somos capaces de cuidarnos a nosotros mismos. Nuestras emociones e instintos pueden combinarse para brindarnos éxitos comerciales de vez en cuando. Sin embargo, en su mayoría, nuestras emociones nos superan y nos llevan a pérdidas comerciales a menos que aprendamos a controlarlas.

Muchos comerciantes de Forex creen que sería ideal si pudieran separarse completamente de sus emociones. Desafortunadamente, eso es muy difícil de lograr, casi imposible diría yo, y algunas de sus emociones pueden ayudarle a mejorar su comercio. Lo más inteligente que puede hacer es aprender a entenderse a sí mismo como comerciante. Identifique sus fortalezas y sus debilidades, luego elija el estilo de comercio que considere mejor. En este capítulo, conoceremos los cuatro sesgos psicológicos que pueden estar afectando los resultados de sus negocios y lo que puede hacer para superarlos: sesgo de exceso de confianza, de anclaje, de confirmación y de aversión a la pérdida.

Sesgo de Exceso de Confianza

Es una creencia demasiado exagerada en sus habilidades como comerciante de Forex. Si alguna vez piensa que ya tiene todo resuelto, no hay nada más que aprender y el dinero ya es suyo para que lo tome del mercado, probablemente sufra de un sesgo de exceso de confianza.

Peligros del Exceso de Confianza

Los comerciantes con exceso de confianza tienden a meterse en problemas al comerciar con mucha frecuencia (comercio excesivo) o al hacer comercios extremadamente grandes a medida que avanzan para lograr su meta financiera. Al final, un comerciante demasiado confiado terminará negociando de forma excesiva, arriesgando demasiado en una sola operación que puede salir mal y acabar con todos los ahorros de su cuenta.

¿Sufre de Exceso de Confianza?

Si quiere saber si tiene alguna tendencia de exceso de confianza, pregúntese si alguna vez ha entrado a una operación que acababa de cerrar, no porque vio otra oportunidad de entrada, sino porque no podía creer que estuviera equivocado. También puede considerar si alguna vez ha puesto más dinero en un comercio de lo que normalmente haría solo porque estaba seguro de que iba a obtener ganancias. Si es así, necesitas estar al tanto de esas tendencias.

Superando el Exceso de Confianza

La mejor manera de superar el exceso de confianza es establecer un conjunto estricto de reglas de gestión de riesgos. Estas reglas deben cubrir como mínimo la cantidad de operaciones en las que participara, la cantidad que está dispuesto a arriesgar en cualquier comercio y cuanto está dispuesto a perder antes de salir del comercio y evaluar su estrategia. Al limitar el número de operaciones en las que está dispuesto a participar y la cantidad de riesgo que está dispuesto a asumir, puede eliminar el riesgo de su portafolio. ¡Sobrevivir al fracaso!

Sesgo de Anclaje

El sesgo de anclaje es una tendencia a creer que el futuro se verá o se comportará de manera similar al presente. Cuando se ancla demasiado cerca del presente, no vera los cambios que son posibles a medida que los pares de divisas fluctúan y los fundamentales subyacentes cambian.

Peligros del Anclaje

Los comerciantes anclados por lo general se meten en problemas al convencerse a sí mismos de que la tendencia actual nunca terminará y que es casi imposible revertir la fortaleza económica de un país en particular. Pronto, se apegan emocionalmente a la tendencia anterior de un par de divisas y continúan colocando operaciones que van en contra de la nueva tendencia. Con cada una pierden cantidades cada vez mayores de dinero porque están luchando contra la tendencia.

¿Está Usted Anclado?

Si desea saber si tiene tendencias de anclaje, pregúntese a sí mismo si alguna vez perdió dinero porque no pudo aceptar que la tendencia haya terminado. Si es así, debe estar alerta de esa tendencia.

Superando el Anclaje

Una buena manera de superar el anclaje es observar múltiples marcos de tiempo en sus gráficos. Si usualmente comercia con gráficos de hora, mire los gráficos diarios y semanales de vez en cuando para ver dónde se encuentran algunos de los niveles de soporte y resistencia y cómo se ven las tendencias a largo plazo. También debe echar un vistazo a los gráficos a corto plazo para ver cuándo se están invirtiendo las tendencias a corto plazo. Ampliar su perspectiva le ayudará a evitar anclarse a un punto cualquiera.

Sesgo de Confirmación

El sesgo de confirmación es una propensión a buscar solo la información que confirma las creencias que ya tiene en mente. Por ejemplo, si cree que el EUR / USD subirá, buscará las noticias, los indicadores técnicos y los factores fundamentales que respaldan su creencia.

Peligros de Buscar Confirmación

Los comerciantes que buscan de forma seguida la confirmación de sus creencias tienden a pasar por alto las señales de advertencia clave que los habrían protegido de pérdidas innecesarias. En un intento de confirmar sus creencias, los comerciantes se pierden los hechos. En última instancia, esto les lleva a luchar contra la tendencia y perder dinero.

¿Busca usted Confirmación?

Si desea saber si tiene tendencias de sesgo de confirmación, reflexione sobre qué tan frecuente busca signos de que puede estar equivocado en su análisis. Si su respuesta es rara vez o nunca, puede ser un buscador de confirmación y debe estar consciente de ello.

Superando la Búsqueda de Confirmación

Una forma de superar el sesgo de confirmación es encontrar a alguien o un grupo con quien pueda hablar sobre sus comercios. Es de esperar que la persona o el grupo con el que hable no siempre estén de acuerdo con usted. Hablar con comerciantes que tienen perspectivas e ideas diferentes a las suyas le ayudará a ver sus comercios desde diferentes ángulos. A veces fortalecerá sus convicciones hablando con otros comerciantes. Otras veces, chatear con sus socios comerciales hará que cambie de idea. Mantener una mente abierta lo ayudará a aprender nuevas estrategias y evitar apegarse demasiado a sus viejas creencias.

Sesgo de Aversión a la Pérdida

El sesgo de aversión a la pérdida se basa en la teoría de que el dolor causado por perder 1,000 $ es mayor que la alegría que obtiene al ganar 1,000 $. Para ser más claro, el miedo es un motivador más poderoso que la codicia.

Peligros de la Aversión a la Pérdida

Los comerciantes que temen a las pérdidas son mucho más propensos a mantener posiciones de pérdidas que los comerciantes que pueden aceptar pérdidas a corto plazo y pasar a otros comercios más rentables. Mantener posiciones de perdidas daña la estabilidad de su cuenta, no solo al incurrir en pérdidas, sino que también lo mantiene fuera de mejores comercios.

¿Teme a las Perdidas?

Si desea saber si tiene alguna debilidad por la aversión a las pérdidas, pregúntese si alguna vez se mantuvo en un comercio perdido más allá del punto en el que ya sabía que debía haber salido porque esperaba que el par se diera vuelta y le generara ganancias. Si es así, necesita estar al tanto de esa tendencia.

Superando la Aversión a la Pérdida

Una muy buena manera de superar un sesgo de aversión a la pérdida es comerciar con órdenes de detención de perdidas ya establecidas. Muchos comerciantes se dicen a sí mismos que comerciarán con un orden, una orden en la cual piensan y se prometen a sí mismos que ejecutarán si el par de divisas la alcanza. Con demasiada frecuencia, los comerciantes ignoran esto y no las utilizan. Permiten que sus emociones los dominen y comienzan a racionalizar su elección de permanecer en el comercio hasta que se recupere. Tan pronto como ingresa a un comercio, debe establecer su orden de detención de pérdidas. Elimine sus emociones de la escena.

CONCLUSIÓN

Gracias por haber leído ANÁLISIS TÉCNICO AVANZADO PARA FOREX. Espero que haya sido informativo y que pueda brindarle las herramientas que necesita para lograr sus objetivos de comerciar en Forex y ganar dinero. El siguiente paso es poner a prueba sus habilidades en el comercio y aumentar su capital de riesgo. Esto te dará la motivación que necesita para alcanzar el éxito.

Tengo otros libros sobre diferentes aspectos del comercio y clases de activos, por favor, ¡échales un vistazo!

PERFIL DEL AUTOR

Wayne Walker es el director de una empresa global de consultoría y educación sobre mercados de capital (gcmsonline.info). Tiene varios años de experiencia en liderar y entrenar a equipos de Asesores de Inversión y ha manejado equipos de alto rendimiento en el Grupo de Clientes Privados basado en las ganancias de Bench Mark (BME).